BEI GRIN MACHT SICH IHR WISSEN BEZAHLT

- Wir veröffentlichen Ihre Hausarbeit,
  Bachelor- und Masterarbeit

- Ihr eigenes eBook und Buch -
  weltweit in allen wichtigen Shops

- Verdienen Sie an jedem Verkauf

Jetzt bei www.GRIN.com hochladen
und kostenlos publizieren

GRIN ☺

Bibliografische Information der Deutschen Nationalbibliothek:

Die Deutsche Bibliothek verzeichnet diese Publikation in der Deutschen National-
bibliografie; detaillierte bibliografische Daten sind im Internet über http://dnb.d-
nb.de/ abrufbar.

Impressum:

Copyright © 2016 GRIN Verlag
Druck und Bindung: Books on Demand GmbH, Norderstedt Germany
ISBN: 9783668786721

Dieses Buch bei GRIN:

https://www.grin.com/document/437921

Susann-Christin Zwinge

Trainingslehre II: Ausdauertraining mit Diabetes Mellitus Typ II

GRIN Verlag

GRIN - Your knowledge has value

Der GRIN Verlag publiziert seit 1998 wissenschaftliche Arbeiten von Studenten, Hochschullehrern und anderen Akademikern als eBook und gedrucktes Buch. Die Verlagswebsite www.grin.com ist die ideale Plattform zur Veröffentlichung von Hausarbeiten, Abschlussarbeiten, wissenschaftlichen Aufsätzen, Dissertationen und Fachbüchern.

Besuchen Sie uns im Internet:

http://www.grin.com/

http://www.facebook.com/grincom

http://www.twitter.com/grin_com

Deutsche Hochschule für

Prävention und Gesundheitsmanagement

Hermann Neuberger Sportschule 3

66123 Saarbrücken

Einsendeaufgabe

Fachmodul:	Trainingslehre II
Studiengang:	Sportökonomie
Datum Präsenzphase:	11.01.16 - 13.01.16
Name, Vorname:	Zwinge, Susann-Christin
Studienort:	**Köln**
Semester:	**WS 2014**

Inhaltsverzeichnis

1 Diagnose

1.1 Allgemeine und biometrische Daten

Tab. 1: Allgemeine und biometrische Daten (eigene Darstellung).

Allgemeine Daten	Testperson
Alter	22
Geschlecht	Weiblich
Körpergröße	170 cm
Körpergewicht	56 kg
Körperfettanteil	20 %
Trainingsmotive	Ausdauerleistungsfähigkeit verbessern (vor allem anaerobe Ausdauer), Gewicht reduzieren, leistungsstark sein, besseres Wohlbefinden, regelmäßig Ausdauersport betreiben
Berufliche Tätigkeit	Bankangestellte
Aktuelle sportliche Aktivitäten (Trainingsumfang, Leistungsstufe)	Fußball spielen (2x /Woche +Spiel) (Mittelrheinliga 4. Liga, seit 8 Jahren)
Frühere sportliche Aktivitäten (Trainingsumfang, Leistungsstufe)	Wettkampfmäßig: Leichtathletik (14 Jahre, 4mal die Woche) Schwimmen (7 Jahre, 3 mal die Woche)
Zeitlicher Verfügungsrahmen	3-4 x pro Woche (60 min)
Blutdruck	Systolisch: 128 mmHg , Diastolisch 85 mmHg
Ruhepuls	53 S/min
Allgemeiner Gesundheitszustand	Keine orthopädischen oder internistischen Probleme, nicht in ärztlicher Behandlung, keine Einnahmen von Medikamenten, keine weiteren gesundheitlichen Einschränkungen

Tab. 2: Normwerte und Klassifikationen Ruhepuls (modifiziert nach Weineck, 2003)

Normwerte	Testperson	Klassifizierung
< 50 S/min	/	Leistungssportler
50- 60 S/min	53 S/min	Gut trainierter Sportler
60-80 S/min	/	Durchschnittsbürger

Die Testperson wird anhand der Normwerte (siehe Tab. 2) als gut trainierte Sportlerin bewertet.

Tab. 3: Blutdruckklassifikation der American Heart Association (modifiziert nach Mancia et al., 2013, S.1289).

Wertung	Systolischer Blutdruck	Diastolischer Blutdruck	Testperson
Optimal	< 120 mmHg	< 80 mmHg	
Normal	< 130 mmHg	< 85 mmHg	128/ 85 mmHg
Hochnormal	130 – 139 mmHg	85 – 89 mmHg	
Hypertonie Stufe 1	140 – 159 mmHg	90 – 99 mmHg	
Hypertonie Stufe 2	160 – 179 mmHg	100 – 109 mmHg	
Hypertonie Stufe 3	>180 mmHg	>110 mmHg	

Der Blutdruck wird ebenso wie der Ruhepuls, anhand von Normwerten (siehe Tab. 3) bewertet. Die Kundin liegt mit ihrem Blutdruck von 128/85 mmHg im normalen Bereich. Jedoch ist der diastolische Blutdruck an der Grenze zur Klassifikation von der Stufe hochnormal. Auch der systolische Wert ist mit zwei Schlägen nur knapp unter der hochnormalen Stufe.

1.2 Leistungsdiagnostik/Ausdauertestung

Die Leistungsdiagnostik ist eine wichtige Voraussetzung für die Trainingsplanung, da der aktuelle Leistungszustand der Testperson ermittelt wird. Anhand des Leistungszustandes wird die Trainingsempfehlung abgeleitet. Zudem wird die Ausdauertestung für den intraindividuellen Vergleich und daraus für die Trainingssteuerung verwendet. In der Sportwissenschaft und Sportmedizin sind viele verschiedene Formen der Leistungsdiagnostik zu finden (Kettenis & Eifler, 2015, S.55).

1.2.1 Begründung des gewählten Fahrradergometertests

Hinsichtlich der Daten der Diagnose (siehe Tab. 1) wird die Ausdauertestung ausgewählt. Die Person ist aufgrund ihrer sportlichen Erfahrung, der Spielklasse und der Trainingshäufigkeit, als trainierte Frau einzustufen. Demzufolge kann der Test mit einer Grenze von 150 Watt durchgeführt werden (Kettenis & Eifler, 2015, S. 72). Der Hollmann-Venrath-Test bietet hier ein geeignetes Testverfahren, um den Ist-Zustand der Ausdauerleistungsfähigkeit der Testperson zu ermitteln. Es ist ein submaximaler Stufentest auf dem Fahrradergometer, der nicht an die Leistungsgrenze geht und somit eine Überbelastung der Testperson ausschließt. Für den Hollmann-Venrath-Test spricht der geringe Zeitaufwand, die Einfachheit der Durchführung und die Vielzahl der Normwerttabellen als Bezugssystem für den interindividuellen Leistungsvergleich für die Ausdauertestung. Darüber hinaus werden bei diesem Test bessere Steady-State-

Bedingungen durch längere Stufendauer als bei dem WHO-Test erreicht (Kettenis & Eifler, 2015, S. 71). Alternativ könnte auch der Vita-Maxima-Test gewählt werden, um die maximale Herzfrequenz genauer zu bestimmen. Da die Testperson jedoch noch keinerlei Erfahrung mit Leistungsdiagnostik mit Ausdauermaximalbelastung hat, kann dieser Test zur Überforderung führen. Ein Lauftest wäre ebenfalls eine Möglichkeit, die Ausdauerfähigkeit zu ermitteln. In Bezug auf die sportartspezifische Bewegung, wäre dieser optimal. Allerdings gibt die Aufgabenstellung einen Fahrradergometertest vor. Im nachfolgenden wird die praktische Verwirklichung der Ausdauertestung beschrieben und in Bezug zu den Daten der Testperson bewertet (Kettenis & Eifler, 2015, S.61).

1.2.2 Hollmann- Venrath- Test

Im Folgenden werden der Testablauf und die Testparameter beschrieben. Die Eingangsbelastung liegt bei 30 Watt und wird nach einer Stufendauer von drei Minuten kontinuierlich um eine Belastungssteigerung von 40 Watt erhöht (Hottenrott & Neumann, 2008, S.137). Die Trittfrequenz liegt bei ca. 60-80 Umdrehungen pro Minute. Damit der Test gültig ist, muss die Testperson mindestens vier Stufen schaffen. Dabei wird die Herzfrequenz nach jeder Minute gemessen und notiert. Sobald die vorher definierte Herzfrequenz erreicht wird, ist der Test beendet. Diese Herzfrequenz wird aus der IPN-Methode abgeleitet, wobei die Testperson anhand ihres Alters, ihrer Ruheherzfrequenz und ihrer Trainingshäufigkeit eingestuft wird (testrelevante Parameter) (Kettenis & Eifler, 2015, S. 67).

Tab. 4: Voreinstufung nach Ruheherzfrequenz und Lebensalter (modifiziert nach Trunz, 2001; Institut für Prävention und Nachsorge, 2004).

Alter/ HF Ruhe	< 20	20-29	30-39	40-49	50-59	60-69	> 70
<50 S/min	140	135	130	125	115	110	105
50-59 S/min	145	140	135	125	120	115	110
60-69 S/min	145	145	135	130	125	120	115
70-79 S/min	150	145	140	135	130	125	120
80-89 S/min	155	150	145	140	135	125	125
>90 S/min	160	155	150	145	135	130	125

Tab. 5: Voreinstufung unter zusätzlicher Berücksichtigung der Trainingshäufigkeit ausdauerrelevanter Aktivitäten (modifiziert nach Trunz, 2001; Institut für Prävention und Nachsorge, 2004).

Trainingszustand	Trainingshäufigkeit/Woche	Stunden/Woche	Pulsaufschlag
Kein Ausdauertraining	Kein einziges Mal	0 Stunden	Kein Aufschlag
Wenig Ausdauertraining	1-2 mal	≤ 1 Stunde	Kein Aufschlag
Moderates Ausdauertraining	2-3 mal	1-2 Stunden	Plus 5 S/min
Viel Ausdauertraining	3-4 mal	2-4 Stunden	Plus 10 S/min
Sehr viel Ausdauertraining	> 4 mal	> 4 Stunden	Plus 15 S/min

Wird die definierte Herzfrequenz mitten in einer Belastungsstufe (nach einer oder zwei Minuten) erreicht, werden nur zwei Drittel der Wattleistung berechnet (Kettenis & Eifler, 2015, S. 72).

1.2.3 Testprotokoll

Die nachfolgenden Tabellen dokumentieren den gesamten Verlauf der Ausdauertestung und alle relevanten Parameter. Die definierte Herzfrequenz von maximal 150 S/min wurde anhand dieser revanten Parameter aus den Tabellen 2 und 3 festgelegt. Zusätzlich wurden aufgrund des Fußballtraining von drei Mal eineinhalb Stunden in der Woche 10 Pulsschläge pro Minute hinzuaddiert.

Tab. 6: Testrelevante Parameter (eigene Darstellung).

Geschlecht	Weiblich	Blutdruck	123/ 83 mmHg	Belastungssteigerung	40 Watt
Alter	22 Jahre	Testform	submaximal	Trittfrequenz	60-80 U/min
Gewicht	56 kg	Eingangsbelastung	30 Watt	Watt gesamt	170
Ruhepuls	53 S/min	Stufendauer	3 Minuten	Watt/kg	3,035

Tab. 7: Testprotokoll Hollmann-Venrath-Test (eigene Darstellung).

Dauer in Minuten	Belastungsstufe in Watt	Herzfrequenz (Schläge/Minute)
1		74
2	30	78
3		78
4		80
5	70	82
6		93
7		99
8	110	109
9		114
10		128
11	150	135
12		142
13		147
14	190	151
		/
Watt gesamt	170	

1.2.4 Bewertung der Testergebnisse

Tabelle 7 zeigt den Testverlauf der Sportlerin. Diese Bewertung erfolgt anhand von wissenschaftlichen Normwerten (siehe Tab. 8). Die Herzfrequenz der Probandin wurde konstant und ohne Schwankungen bis zur definierten Pulsobergrenze von 150 durchgehalten. Das Herzkreislaufsystem passte sich in den ersten Minuten gut an die vorgegebene Belastung an, da die Herzfrequenz nahezu konstant blieb. Die Probandin konnte insgesamt vier Belastungsstufen vollständig bis einschließlich 150 Watt leisten. In der fünften Belastungsstufe (190 Watt) erreichte sie nach zwei Minuten (entspricht insgesamt 14 Testminuten) die festgelegte Pulsobergrenze (nach IPN) von 150 Schlägen/Minute. Der Test wurde dann beendet. Folglich liegt die Sportlerin rechnerisch bei 170 Watt (Rechnung: 150 Watt+(40 Watt : 2) = 170 Watt). Damit das Testergebnis bewertet werden kann, wird es umgerechnet. Als Norm gilt die Einheit Watt pro Kilogramm Körpergewicht (Watt/kg). Die erreichte zeitinterpolierte Stufe wird nun durch das Gewicht der Testperson dividiert. Daraus ergibt sich eine relative Watt-Soll-Leistung von 3,035 Watt/kg. Anhand der Normtabelle (siehe Tab. 8) für submaximale Fahrradergometertests für Frauen ergibt sich dann ein Belastungsfaktor von 0,68 (Kettenis & Eifler, 2015, S.76), welcher als eine sehr gute Ausdauerleistung bewertet wird (zwei Smileys).

Tab. 8: Ausschnitt der Normtabelle für submaximale Fahrradergometertests – relative Watt-Soll-Leistung (Watt/kg) bei Frauen (modifiziert nach Institut für Prävention und Nachsorge, 2004).

Alter Intensität	< 30	30-34	35-39	Bewertung
0,67	2,80	2,66	2,52	2 Smileys
0,68	3,00	2,85	2,70	2 Smileys
0,69	3,20	3,04	2,88	2 Smileys
0,70	3,40	3,23	3,06	2 Smileys

1.3 Gesundheits- und Leistungsstatus der Person

Der letzte Schritt der Diagnose ist die Bewertung im Hinblick auf die Belastung und die Trainierbarkeit der Testperson. Aufgrund der Trainingserfahrung und keiner gesundheitlichen Einschränkungen, kann die Testperson in Bezug auf die Belastbarkeit voll trainieren. Ihre Testergebnisse waren sehr gut, sodass die Trainingsplanung für Fortgeschrittene verwendet werden kann. Diese enthalten alle Dauer- und Intervallmethoden. Die Ruheherzfrequenz von 53 Schlägen/Minute wird aufgrund der niedrigen Anzahl an Schlägen als optimal bewertet. Der Blutdruck wird als normal bewertet. Auch diese zwei Werte erlauben eine volle Belastbarkeit der Probandin.

2 Zielsetzung/Prognose

Von großer Bedeutung für die Trainingssteuerung ist die Zielsetzung. Realistisch gesetzte Ziele helfen dem Sportler, motivieren ihn und halten ihn am Training. Jedes Ziel lässt sich über drei zentrale Faktoren definieren: Über den Inhalt, das Ausmaß und über die Zeit (Kettenis & Eifler, 2015, S. 44). Die Zielsetzung wird anhand von Einflussfaktoren, wie die Trainingsmotivation und der gesundheitlichen Voraussetzung bestimmt. Das erste und wichtigste Ziel der Sportlerin ist es Sprints länger durchzuhalten und schneller erholen. Dieses sportartspezifische Ziel wird durch den submaximalen Hollmann-Venrath-Fahrradergometertest kontrolliert. Die Wattleistung des submaximalen Tests soll in 12 Wochen um eine Stufe verbessert werden. Ihr aktueller Belastungsfaktor liegt bei 0,68 und soll auf 0,70 erhöht werden. Aufgrund der Zielsetzung „Körpergewichtsreduktion" ist es realistisch, die Watt-Soll-Leistung um zwei Stufen des Belastungsfaktors zu verbessern, da sich alleine durch eine Gewichtsreduktion die Watt-Soll-

Leistung erhöht. Die Probandin möchte innerhalb von drei Monaten das Körpergewicht von 56 kg auf 54 kg senken, daher muss sie auch ihre Ernährung umstellen. Das letzte Ziel ist es, den Blutdruck von dem normalen in den optimalen Bereich zu bekommen. Dies bedeutet von 128/85 mmHg auf unter 120/80 mmHg innerhalb von 3 Monaten.

Tab. 9: Gegliederte Zielsetzung in Inhalt, Ausmaß und Zeit (eigene Darstellung)

Inhalt	Ausmaß	Zeit
Verbesserung des Belastungs-faktors, Verbesserung der Aus-dauerleistung	zwei Stufen (von 0,68 auf 0,70)	12 Wochen
Blutdruck senken	Systolisch: 5 S/min Diastolisch: 2 S/min	3 Monate
Körpergewichtsreduktion	120/80 mmHg	3 Monaten

3 Trainingsplanung Mesozyklus

3.1 Grobplanung Mesozyklus

Tab. 10: Grobplanung Mesozyklus (eigene Darstellung).

Dauer	6 Wochen, Vorbereitungsphase für die kommende Saison	
Übergeordnetes spezifisches Trainingsziel	Entwicklung der Grundlagenausdauer, Verbesserung anaerober Ausdauer,	
Trainingsumfang/Woche	2-3 Stunden	
Trainingshäufigkeit/Woche	2-3 mal /Woche	
Trainingsmethoden	-REKOM - extensive Dauermethode - intensive Dauermethode - variable Dauermethode - extensive Intervallmethode - intensive Intervallmethode	
Belastungsintensitäten (Pulsober- und -untergrenzen) (Hottenrott & Neumann, 2008, S. 111-117)	REKOM: 50-60 % Hf_{max} Extensive DM: 60-75% Hf_{max} Intensive DM: 75-85% Hf_{max} Variable DM: 60-85% Hf_{max} Extensive IM: 80-90% Hf_{maxx} Intensive IM: 90-100% Hf_{max}	
Trainingsherzfrequenz	Fahrrad	Crosstrainer/ Laufband:
	89-107 S/min	99-119 S/min
	107-133 S/min	119-148 S/min
	133-151 S/min	148-168 S/min
	107-151 S/min	119-168 S/min
	151-160 S/min	168-178 S/min
	160-178 S/min	178-198 S/min
Trainingsdauer/Trainingseinheit	REKOM: 40 Minuten EDM: 45-90 Minuten IDM: 45 Minuten VDM: 40-50 Minuten EIM:45 Minuten IIM: 25 Minuten	
Trainingsgeräte	Laufband, Fahrrad, Crosstrainer	

Die Trainingsherzfrequenz wurde nach der Formel des American College of Sports Medicine (ACSM) berechnet: Trainingsherzfrequenz= Hf_{max} X Intensität in %. Bei den verschiedenen Trainingsgeräten wird die Hf_{max} unterschiedlich berechnet, bei dem Fahrrad durch die Formel 200 minus Lebensalter und bei Laufband und Crosstrainer 220 minus Lebensalter (Kettenis & Eifler, 2015, S. 129).

3.2 Detailplanung Mesozyklus

Tab. 11: Mesozyklus Woche 1 (eigene Darstellung).

Woche 1	Mittwoch	Freitag
Trainingsziel	GA1/GA2	GA1/GA2
Trainingsmethode	Intensive DM	Variable DM
Trainingsintensität	75-85% Hf_{max}	60-85% Hf_{max}
Trainingsherzfrequenz	148-168 S/min	119-169 S/min
Trainingsdauer	35 min	35 min
Trainingsgerät	Laufband	Crosstrainer

Tab. 12: Mesozyklus Woche 2 (eigene Darstellung).

Woche 2	Montag	Freitag
Trainingsziel	GA1/GA2	GA1/GA2
Trainingsmethode	Variable DM	Intensive DM
Trainingsintensität	60-85% Hf_{max}	75-85% Hf_{max}
Trainingsherzfrequenz	119-168 S/min	148-168 S/min
Trainingsdauer	40 min	40 min
Trainingsgerät	Crosstrainer	Laufband

Tab. 13: Mesozyklus Woche 3 (eigene Darstellung).

Woche 3	Montag	Mittwoch	Freitag
Trainingsziel	GA1/GA2	GA2	GA1/GA2
Trainingsmethode	Variable DM	Extensive IM	Intensive DM
Trainingsintensität	60-85% Hf_{max}	80-90% Hf_{max}	75-85% Hf_{max}
Trainingsherzfrequenz	119-168 S/min	151-160 S/min	148-168 S/min
Trainingsdauer	45 min	25 min	45 min
Trainingsgerät	Crosstrainer	Fahrrad	Laufband

Tab. 14: Mesozyklus Woche 4 (eigene Darstellung).

Woche 4	Mittwoch	Freitag	Samstag
Trainingsziel	GA2	Regeneration	GA2
Trainingsmethode	Intensive IM	REKOM	Extensive IM
Trainingsintensität	90-100 HF_{max}	50-60% Hf_{max}	80-90% Hf_{max}
Trainingsherzfrequenz	160-178 S/min	99-119 S/min	168-178 S/min
Trainingsdauer	20 min (10 Intervalle)	45 Minuten	25 min
Trainingsgerät	Fahrrad	Crosstrainer	Laufen

Tab. 15: Mesozyklus Woche 5 (eigene Darstellung).

Woche 5	Montag	Mittwoch	Freitag	Sa/So
Trainingsziel	GA2	GA1/GA2	GA2	Regeneration
Trainingsmethode	Intensive IM	Intensive DM	Extensive IM	REKOM
Trainingsintensität	90-100% Hf_{max}	75-85% Hf_{max}	80-90 Hf_{max}	50-60% Hf_{max}
Trainingsherzfrequenz	160-178 S/min	148-168 S/min	151-160 S/min	99-119 S/min
Trainingsdauer	20 min (10 Intervalle)	45 min	25 min	45 min
Trainingsgerät	Fahrrad	Laufband	Fahrrad	Crosstrainer

Tab. 16: Mesozyklus Woche 6 (eigene Darstellung).

Woche 6	Montag	Mittwoch	Freitag	Sa/So
Trainingsziel	GA2	GA1/GA2	GA2	Regeneration
Trainingsmethode	Inetnsive IM	Intensive DM	Extensive IM	REKOM
Trainingsintensität	90-100% Hf_{max}	75-85 %Hf_{max}	80-90 Hf_{max}	50-60 Hf_{max}
Trainingsherzfrequenz	160-178 S/min	148-168 S/min	168-178 S/min	99-119 S/min
Trainingsdauer	25 min (12 Intervalle)	45 min	25 min	45 min
Trainingsgerät	Fahrrad	Laufband	Crosstrainer	Crosstrainer

Tab. 17: Details zum Belastungsgefüge Intervalltraining und variable Dauermethode (eigene Darstellung).

	Variabe Dauermethode		Extensive IM	Intensive IM	
Intervalldauer	3 min		60-90 sek	20 sek	
Anzahl der Intervalle	Max. 8	Max. 12	3-6	10	12
Belastungsbereich	Extensiv: 119-129 Hf_{max} Intensiv: 158-168 Hf_{max}				
Intervallpause	Puls - <120 S/min	Puls – <120 S/min	3 min	40 sek	
Gesamtbelastung	35 min: -5min Warm up -25min Intervalle –5min Cooldown	45 min: -5min Warm up -35min Intervalle - 5min Cooldown	25 min: - 5min warm up - 15min Intervalle - 5min Cool-down	20 min: - 5min Warm up - 10min Intervalle - 5min Cool-down	25 min: - 5min Warm up - 12min Intervalle - 8min Cool-down

3.3 Begründung Mesozyklus

In diesem Kapitel geht es ausschließlich um die Begründung der Eigenschaften des Mesozyklus, um zu verstehen, warum der Zyklus so aufgebaut ist. Er richtet sich nach der individuellen Zielsetzung der Sportlerin, der Trainingsmotivation und des Leistungszustandes. Aufgrund des sehr gut abgeschlossenen Tests und des Gesundheitszustands der Probandin, gibt es keinerlei Einschränkungen. Die Testperson möchte ihre anaerobe Ausdauer für ihr Hobby verbessern. Dementsprechend wurde der detaillierte Trainingsplan passend zur Sportart ausgelegt. Da im Fußball eine allgemeine extensive Grundlagenausdauer in Form von langen Läufen nicht vorkommt, ist das Intervalltraining und die variable Dauerbelastung sehr geeignet. In einem Fußballspiel kommen kurze intensive Phasen, wie Sprints mit dem Ball und ohne Ball, das Freilaufen der Spieler, Läufe zu bestimmten Positionen und Zweikämpfe vor. Hierbei wechseln die Belastungsintensitäten stark. Dementsprechend muss die Eigenschaft der Ermüdungswiderstandsfähigkeit und der schnellen Regeneration trainiert werden. Das Ziel ist es, die anaerobe Schwelle hinauszuzögern, damit der Laktatanstieg über 4 mmol/l zu einem späteren Zeitpunkt eintritt. Ein weiteres Ziel des Kunden ist es, zusätzlich zum Fußballtraining isoliert Ausdauer zu trainieren. Dieser Mesozyklus beginnt, zusätzlich zum Fußballtraining mit zwei Ausdauertrainingseinheiten. Letzelter (1994, S. 40) beschreibt, dass der wöchentliche Belastungsumfang von der Erholungsfähigkeit des Trainierenden abhängig ist. Das bedeutet, je besser die Erholung nach einer Belastung ist, desto mehr Trainingstage kann der Sportler in seinen Trainingsplan einführen. Alle zwei Wochen wird eine weitere Trainingseinheit mit aufgenommen. Die maximale Trainingshäufigkeit der Probandin liegt bei vier Trainingseinheiten. Der wöchentliche Belastungsumfang liegt bei zwei bis drei Stunden und wird durch die zwei bis vier Trainingseinheiten in der Woche gewählt (25 min. + 45 min. + 30 min. + 45 min. = 145 min. –2,5 Stunden). Demnach sind nach Hohmann et al. (2010, S.251) die Richtlinien für ein Optimal-Programm gegeben. Diese beschreiben den idealen Belastungsumfang mit vier bis fünf Trainingseinheiten je 30 bis 60 min, was einen Belastungsumfang von 120 bis 240 min pro Woche entspricht. Die Trainingsmethoden kommen dem Hobby der Sportlerin zugute (Eisenhut & Zintl, 2013, S. 94).

Bei der intensiven Dauermethode trainiert der Sportler im Bereich der anaeroben Schwelle (Hottenrott & Neumann, 2008, S.110). Sie hat den Effekt der Erhöhung der Leistung und der Geschwindigkeit bei aerober und anaerober Beanspruchung (Hottenrott & Neumann, 2010, S.136). Das Training mit der variablen Dauermethode verbessert die Umstellungs- und Erholungsfähigkeit (Hottenrott & Neumann, 2008, S. 113). Eisenhut und Zintl (2013, S. 94) beschreiben, dass die extensive Intervallmethode effektiv ist, sobald die Belastungsdauer bei ein bis drei Minuten und der gesamte Belastungsumfang bei 40-45 Minuten, die Anzahl der Intervalle zwischen neun und 15 und die Pausen bei einem Abfall der Herzfrequenz von unter 120 Schlägen pro Minute liegen. Genauso wie bei der intensiven Intervallmethode ist hier der Haupttrainingseffekt, die Verbesserung der aerob-anaeroben Schwelle. Der Unterschied zwischen der extensiven und der intensiven Intervallmethode liegt in der Belastungsintensität, der Anzahl der Intervalle, Intervallpausen und der Intervalldauer. Um einen trainingswirksamen Reiz setzen zu können, muss bei der extensiven Intervallmethode die maximale Herzfrequenz zwischen 80 und 90% und bei der intensiven Intervallmethode über 90% liegen, erklären Hottenrott & Neumann (2014, S.137). Der Effekt der Intervallmethoden ist von elementarer Bedeutung. Er fördert die Schnelligkeit, verbessert die kurzfriste und schnelle Erholung und entwickelt die anaerobe Kapazität (Eisenhut & Zintl, 2013. S. 123). Diese intensiveren Einheiten sind dem wettkampfspezifischen Ausdauerbereich zuzuordnen (Eisenhut & Zintl, 2013, S.128). Der Körper arbeitet hier ohne beziehungsweise mit weniger Sauerstoff, also anaerob. Das entspricht der Zielsetzung der Testperson. Um ein Übertraining zu vermeiden, wurde ab der vierten Woche jeweils eine RE-KOM Trainingseinheit zur aktiven Regeneration eingeführt. Innerhalb des Mesozyklus gibt es Veränderungen der Belastung in Form von Belastungsintensität und der Dauer. Jede Methode wird gesteigert, so dass sie am Ende der 6 Wochen den Richtlinien aus Tabelle 7 entsprechen. „Werden die Trainingsanforderungen nicht mehr gesteigert oder können sie nicht mehr gesteigert werden, ist eine weitere Leistungsverbesserung kaum mehr möglich, sofern die Auswahl der Trainingsinhalte und -methoden angemessen war" (Letzelter, 1994, S. 51). Zu Beachten ist, dass die Belastungen so gewählt werden müssen, dass der Kunde an seine Grenzen der Möglichkeit gelangt, ohne sie zu überschreiten (Letzlter, 1994, S.51). Die Auswahl der Trainingsgeräte wurde abwechslungsreich gestaltet. Die variable Dauermethode wird aufgrund des erhöhten Einsatzes von Muskelmasse (gut für die Verbrennung von Kalorien und dementsprechend gut für die Reduzierung des Körpergewichts), der gelenkschonenden Variante zum Laufband bzw. generell zum Laufen und der guten Belastungssteuerung (z.B. Wattprogramm) auf dem Crosstrainer ausgeübt. Des Weiteren ist es eine gute Abwechslung zu der beruflichen Tätigkeit, die aus einer Mischung aus dem Stehen und Sitzen besteht. Die intensive Dauermethode wird auf dem Laufband durchgeführt. Der Hauptgrund hierfür ist die sportartspezifische Bewegungsform. Hier sind kontinuierliche Bewegungen über einen längeren Zeitraum problemlos durchzuführen, da die Belastung nahezu konstant bleibt. Des Weiteren ist die beteiligte Muskelmasse extrem hoch, wodurch sehr viele Kalorien verbrannt werden. Damit es auch eine Abwechslung zum Laufen gibt wurde für die intensive Intervallmethode das Fahrrad gewählt. Hier spielt wieder die wechselnde Belastung im Berufsalltag eine Rolle. Die Belastung und der Belastungswechsel sind hierbei sehr hoch und das Fahrrad liefert diese Voraussetzungen. Die Belastung kann sehr einfach und schnell verändert werden. Das wichtigste Argument ist jedoch, dass hier die Beinmuskulatur explizit mittrainiert wird, was für die Testperson aufgrund der fußballerischen Aktivität die wichtigste Muskelgruppe ist. Die Problematik des Crosstrainers, bei sehr hohen Intensitäten bis zur maximalen Belastung, liegt bei der Ausführung der Bewegung. Zu starkes Ziehen aus den Armen führt dazu, dass die eigentliche Bewegung ihren Sinn verfehlt.

4 Effekte des Ausdauertrainings bei Diabetes Mellitus Typ II

Tab. 18: Literaturrechere (eigene Darstellung).

	„Effects of Aerobic Training, Resistance Training, or Both on Glycemic Control in Type 2 Diabetes"	„Effects of Aerobic and Resistance Training on Hemoglobin A1c Levels in Patients with Type 2 Diabetes"
Wer hat die Studie durchgeführt?	Ronald J. Sigal, Glen P. Kenny, Normand G. Boulé, George A. Wells, Denis Prud'homme, Michelle Fortier, Robert D. Reid, Heather Tulloch, Douglas Coyle, Penny Phillips, Alison Jennings und James Jaffey	Timothy S. Church, Steven N. Blair, Shannon Cocreham, Neil Johannsen, William Johnson, Kimberly Kramer, Catherine R. Mikus, Valerie Myers, Melissa Nauta, Ruben Q. Rodarte, Lauren Sparks, Angela Thompsoon und Conrad P.Earnest
Datum der Publikation	18. September 2007	24. November 2010
Versuchspersonen	258 Typ-II Diabetiker, männlich und weiblich , zwischen 39 und 70 Jahren mit einem HbA_{1C}-Wert zwischen 6,6% und 9,9%	262 Typ-II Diabetiker, männlich und weiblich, hauptsächlich sitzendem Alltag HbA_{1C}-Wert: ≥ 6,5%
Versuchsaufbau	Vier gleich große Gruppen wurden gebildet: 1. 60 Personen: Ausdauergruppe 2. 64 Personen: Kraftgruppe 3. 64 Personen: gemischte Gruppe aus Kraft und Ausdauer 4. 63 Personen: Kontrollgruppe Trainingsdauer: 6 Monate Vorgaben: - Ausdauergruppe: 15-20 minütiges Training im aeroben Bereich bei 60% der Hf_{max}, die Intensität wurde im Laufe der Zeit Stück für Stück erhöht, oberste Grenze war ein 45 Minuten Workout mit einer Intensität von 75% Hf_{max} -Ausdauergerät: Laufband oder Fahrradergomter	Vier verschiedene Gruppen: 1. Kontrollgruppe: 41 Personen 2. Kraftgruppe: 73 Personen 3. Ausdauergruppe: 72 Personen 4. Kombigruppe (Kraft und Ausdauer): 76 Personen Trainingsdauer: 9 Monate Vorgaben: 1. Kraftgruppe: Training dreimal pro Woche 2. Ausdauergruppe: 12 kcal/kg pro Woche verbrennen Kombigruppe: zweimal Krafttraining pro Woche und Energieverbrauch von 10kcal/kg pro Woche

14

	„Effects of Aerobic Training, Resistance Training, or Both on Glycemic Control in Type 2 Diabetes"	„Effects of Aerobic and Resistance Training on Hemoglobin A1c Levels in Patients with Type 2 Diabetes"
Relevante Ergebnisse	Senkung des HbA_{1c}-Wertes: 1. Platz: Kombi-Gruppe: 0,97 Prozentpunkte 2. Platz: Ausdauergruppe: 0,51 Prozentpunkte 3. Platz: Krafttrainingsgruppe: 0,38 Prozentpunkte Verbesserung biometrischer Parameter: - Das Gewicht, der Taillenumfang, die Fettmasse	Senkung des HbA_{1c}-Wertes: 1.Platz: Kombigruppe: 0,34 Prozentpunkte 2.Platz: Ausdauergruppe: 0,24 Prozentpunkte 3.Platz: Krafttrainingsgruppe: 0,16 Prozentpunkte Verbesserungen biometrischer Parameter: - Reduzierung des Taillenumfanges Geringfügige Abbauung des Körperfettes
Schlussfolgerungen	Menschen mit einem hohen Hämoglobin A_{1c}-Wert sollten nicht nur Ausdauertraining sondern auch Krafttraining betreiben.	Menschen mit einem hohen Hämoglobin A_{1c}-Wert sollten nicht nur Ausdauertraining sondern auch Krafttraining betreiben

5 Literaturverzeichnis

Church, T.S., Blair, S.N., Cocreham, S., Johannsen, N., Johnson, W., Kramer, K.,
Mikus, C.R., Myers, V., Nauta, M., Rodarte, R.Q., Sparks, L., Thompson, A.,
Earnest, C.P. (2010). Effects of Aerobic and Resistance Training on Hemoglobin
A1c Levels in Patients With Type 2 Diabetes. *The Journal of the American
Medical Association.* Zugriff am: 21.12.2013. Verfügbar unter:
http://jama.jamanetwork.com/article.aspx?articleid=186960.

Eisenhut, A., Zintl, F. (2013). *Ausdauertraining.* München: BLV Buchverlag
GmbH & Co. KG.

Hohmann, A., Lames, M., Letzelter, M. (2010). *Einführung in die
Trainingswissenschaft.* 5. Auflage. Wiebelsheim: Limpert Verlag.

Hottenrott, K., Neumann, G. (2008). *Methodik des Ausdauertrainings.*
Schorndorf: Hofmann- Verlag.

Hottenrott, K., Neumann, G. (2010). *Trainingswissenschaft. Ein Lehrbuch in 14
Lektionen.* Aachen: Meyer & Meyer Verlag.

Kettenis & Eifler, (2015). *Studienbrief Trainingslehre II- Gesundheitsorientiertes
Ausdauertraining.* Saarbrücken: Deutsche Hochschule für Prävention und
Gesundheitsmanagement.

Letzelter, M. (1994). *Trainingsgrundlagen.* Reinbek bei Hamburg: Rowohlt
Taschenbuch Verlag GmbH.

Mancia, G., Fagard, R., Narkiewicz, K., Redón, J., Zanchetti, A., Böhm, M. et al.
(2013). *2013 ESH/ESC Guidelines for the management of arterial hypertension.
The task force for the management of arterial hyper- tension of the European
Society of Hypertension (ESH) and of the Eu- ropean Society of Cardiology
(ESC).* Journal of Hypertension, 31 (7), 1281-1357.

Martens, F. (2011). *HbA$_{1c}$ im Blut. Martens - Medizinisch-pharmazeutische Software
GmbH.* Zugriff am: 23.12.2013. Verfügbar unter:
http://www.jameda.de/laborwerte/hba1c-im-blut/

Neumann, G., Pfützner, A., Berbalk, A. (2013). *Optimiertes Ausdauertraining.* 7.
Auflage. Aachen: Meyer & Meyer Verlag.

Sigal, R. enn Boul , N.D., Wells, G.A., Prud'homme, D., Fortier, M., Reid, R.D.,
Tulloch, H., Coyle, D., Phillips, P., Jennings, A., Jaffey, J. (2007). Effects of

Aerobic Training, Resistance Training, or Both on Glycemic Control in Type 2 Diabetes: A Randomized Trial. *Annals of Internal Medicine.* Zugriff am: 21.12.2013. Verfügbar unter: http://annals.org/article.aspx?articleid=736439

Trunz, E. (2001). IPN-Test® – Ausdauertest für den Fitness- und Gesundheitssport. Köln, Institut für Prävention und Nachsorge.

Weineck, J. (2003). Ausdauertraining. Trainingssteuerung über die Herzfrequenz- und Milchsäurebestimmung. Balingen: Spitta.

6 Tabellenverzeichnis